MAURÍCIO DOMINGUEZ PEREZ

BUSCAR SENTIDO NA VIDA COTIDIANA

2ª edição

Conheça nossos clubes   Conheça nosso site

@editoraquadrante
@editoraquadrante
@quadranteeditora
Quadrante

QUADRANTE

São Paulo
2024

Copyright © 2017 Quadrante Editora

Capa
Provazi Design

Dados Internacionais de Catalogação na Publicação (CIP)

Perez, Maurício Dominguez
  Buscar sentido na vida cotidiana / Maurício Dominguez Perez — 2ª ed. — São Paulo: Quadrante, 2024.

  ISBN: 978-85-7465-604-5

  1. Ética 2. Virtudes morais — Origem I. Título

CDD-170

Índice para catálogo sistemático:
1. Ética : Virtudes morais : 170

Todos os direitos reservados a
QUADRANTE EDITORA
Rua Bernardo da Veiga, 47 - Tel.: 3873-2270
CEP 01252-020 - São Paulo - SP
www.quadrante.com.br / atendimento@quadrante.com.br

SUMÁRIO

INTRODUÇÃO 5

E DESCOBRIMOS A BOA VIDA.................. 11

SENTIDO E SIGNIFICADO 25

UM PROGRAMA PARA A VIDA 69

INTRODUÇÃO

Imagine a cena: jovens operando aplicativos de celular, compartilhando dados pelas redes sociais. Eles estão mudando a forma de trabalhar da nossa sociedade. A nova geração, que nasceu com a mamadeira plugada na internet, veio para revolucionar o mundo: são dinâmicos, multitarefas, capazes de lidar com os desafios do mundo contemporâneo. Não aceitam mais trabalhar com livro de ponto, não têm hora para chegar em casa e seus relógios não são mais locais: são cosmopolitas e estão sincronizados com Tóquio, Londres e Nova York.

Era nesse estilo que discorria recentemente pela internet um vídeo muito bem produzido, alternando imagens e sons em várias rotações por segundo. Produzido com o intuito de mostrar os horizontes da tecnologia no trabalho, o vídeo foi visto por muitos milhares de pessoas e acompanhado também por milhares de comentários. Dediquei-me a ler alguns deles e detive-me em um que dizia: «E quem vai carregar o botijão de gás?».

De fato, por mais que a tecnologia prometa um futuro de realizações e anime até os mais amorfos, alguém tem que carregar o botijão de gás, dar banho no cachorro, levar a criança na escola, limpar o banheiro, controlar o almoxarifado, carimbar e protocolar as papeladas, vender seguros, trabalhar numa baia de empresa em meio de uma infinidade de reuniões e problemas diários. E isso não apenas ocasionalmente como uma tarefa menos excitante, mas como emprego habitual, dedicando muitas horas todos os dias e tirando daí o sustento próprio e da família.

Como é que ficam essas pessoas? Que vídeo podemos fazer para lhes abrir um panorama animador? O que diremos a elas? «Sinto muito, vocês tiveram azar»? O que podemos dizer para bilhões de colegas nossos deste planeta que enfrentam uma vida com dias repetitivos, monótonos, entediantes ou ao menos muito distantes das emoções de um filme de Hollywood?

Penso que não me engano ao afirmar que o sentido da vida cotidiana, o sentido da rotina e o sentido do trabalho — não são a mesma coisa, mas se entrelaçam — são grandes enigmas para o homem comum. Paradoxalmente, não só enigma, mas para muita gente certeza de que nesses momentos ordinários a vida não encontra sua realização e que, felizmente, há outras situações que aliviam, que dão esperança, sentido e felicidade. São os momentos em família, os tempos de lazer e os grandes eventos.

É precisamente isso que não quero nem devo aceitar, e é disso que este livro trata. Uma busca pelo sentido da vida cotidiana. Uma tentativa de dar relevo, graça e cor a tantas horas, dias e anos que parecem tão vazios. Uma maneira de integrar todos os momentos da vida num grande projeto que dá razão, explicação e garra para viver.

Do jeito que está não dá. Basta olhar para a cara das pessoas. Olhe para o rosto de um estudante em sala de aula, para um balconista, para um pedreiro assentando pedras portuguesas na calçada, para um gerente de banco... Estão gritando: «Me tirem daqui!» Mas, eis que essas pessoas subitamente mudam... A estudante puxa o celular e vê a mensagem na rede social dizendo que vai ter festa; o gerente coloca seus fones de ouvido e frui a sua música favorita; o pedreiro pausa para tomar uma cerveja gelada... Reparem no sorriso, o instante de felicidade, tal qual o enfermo que recebe a sua dose de morfina.

Evidentemente, parte dessas reações se deve ao fato de que o trabalho e o cumprimento do dever cansam, exigem esforço, concentração. São custosos. E não há dúvida, por outro lado, de que uma festa, um bate papo, ou outro tipo de lazer normalmente descansam, divertem, relaxam. Mas as sensações físicas e psíquicas não são o núcleo central de uma atividade. Não podemos reduzir o que fazemos apenas ao que sentimos. Não são o sacrifício nem o prazer a medida do valor de uma tarefa. Tanto é assim que nossa sociedade valoriza mais o esforço de um trabalhador do que as farras de quem vive de rendas. Sonhamos com uma vida de molezas sabendo, no fundo, que uma vida de trabalho e conquistas é algo superior, mais profundo e saboroso. Como o rapaz que deseja a moça belíssima ainda sabendo que outra — menos bela talvez, mas com a cabeça no lugar — é a melhor para casar e viver.

Já se falou da síndrome do *domingo à noite*. Um programa de tevê ou qualquer outra coisa serve para recordar que o fim de semana vai acabando e que já desponta uma segunda-feira com toda uma semana de compromissos, aulas, trabalhos e chateações sem conta. Entra uma angústia na alma: acabou-se o que era doce.

Por que se fala tão pouco desse problema da vida cotidiana? Por que há um grande silêncio sobre esse tema? Estas páginas são uma tentativa de responder a algumas destas questões.

E DESCOBRIMOS A BOA VIDA...

Se abrirmos uma revista ou ligarmos a tevê, será muito provável que esbarremos com uma propaganda convidando-nos a curtir a vida. Qualquer anúncio, seja para vender previdência privada ou cerveja, traz a fotografia de alguém deitado numa rede ao lado de uma praia tropical ou um casal de namorados bonitos em um lugar chique. Nos anúncios ninguém dá duro. A vida — dizemos — é feita de bons momentos. Os momentos em que se desfruta de um drinque, de uma refeição, de uma viagem ao exterior, de uma festa entre amigos... Isso é o que fica da vida. Quantas vezes lemos e ouvimos isso! E estamos convencidos disso. «Coitado, faleceu quando faltavam meses para se aposentar! Que pena, agora que ia descansar e aproveitar um pouco da vida». «Coitada, engravidou, agora que casaram e podiam aproveitar a vida por alguns anos».

O século XX trouxe novidades. Não me refiro ao telefone ou a alguma outra engenhoca. Pela primeira vez o trabalhador teve férias e férias remuneradas. A partir do fim dos anos 1950 o mundo assistiu a uma enxurrada de famílias e suas bagagens viajando no início do verão para as praias e montanhas, fugindo das grandes cidades. Surgiram os balneários e a indústria do turismo. Pela primeira vez as massas têm tempo e dinheiro disponíveis para algo que não seja apenas a estrita sobrevivência. Jovens que não precisam trabalhar, apenas estudam, e em tempo parcial, dedicando horas para comprar roupas, ouvir e tocar música, jogar, conversar e se divertir. Surgiu a indústria do entretenimento. Ficaram para trás a vida de trabalho em período integral, seis dias por semana, o ano inteiro, com exceção dos domingos e uns poucos feriados espalhados no calendário.

Essa nova vida gerou uma nova sensibilidade. Um par de horas de trabalho ou estudo e colocamo-nos como merecedores de recompensas. «Coitado de mim! Como trabalho! Mereço comprar este carro, este doce e dar-me de presente uma viagem». «Como o filho passou de ano com boas notas, merece um smartphone novo». «Como perdeu o emprego, ela merece comprar algo no shopping».

Assim, curtir a vida é mais do que um prazer, é um direito inalienável, intransferível, que conquistamos. Qualquer atraso ou perda põe em ação um plano de compensação. Isso ocorre porque as pessoas estão jogando aí o sentido das suas vidas e não querem perder um segundo, uma gota qualquer. E porque, sem fazerem as contas, têm no fundo do coração a sensação de que esses tempos com significado — os tempos de lazer, de curtição — são poucos.

Tipicamente, trabalhamos ao menos oito horas diárias de segunda a sexta. Se somarmos os tempos de deslocamentos e de alguns *pepinos* para resolver, perceberemos que cinco sétimos da vida não são de curtição. Cinco sétimos da vida cotidiana não têm muito significado, não entram na nossa biografia. Evaporam. Somem. São tempos que esquecemos, que não geram uma fotografia para recordar e somem nas cinzas das horas.

Estranho, não? Civilização de conquistas, sociedade que se orgulha de quebrar tabus, mas que gasta a grande parte da sua vida fazendo o que não quer. Como recuperar os cinco sétimos da vida que se jogam fora?

Dirá o leitor: «Mas isso é falacioso. Muitas pessoas gostam do seu trabalho, estão satisfeitas com suas vidas...» Sim, é verdade. O ser humano aprende a conviver, a tolerar e a se acostumar com quase tudo. Se alguém estava desempregado e consegue um novo emprego, fica feliz.

Se há uma remuneração condizente, também. Em comparação com o tédio de ficar em casa, estar no escritório é um paraíso. Deixar de trabalhar como empacotadeira e poder abrir um serviço de manicure deixa muitas mulheres felizes e realizadas.

Se tivéssemos que escolher apenas entre picolé de jiló ou de cebola, veríamos muitas pessoas andando na rua contentes, chupando um desses dois maravilhosos sabores. A maioria de nós aceita a vida como ela é. Mas isso não implica que se curtam todos os momentos da vida. Apenas se aceita o acordo de que, após algumas horas esfregando o chão, se possa sentar em um bar e tomar uma cervejinha em paz. Enquanto isso jogamos na loteria para ver se, ganhando na *Mega Sena*, poderemos passar todos os dias fazendo o que queremos e gostamos, em paz. Queremos ser felizes, muito e sempre, a todo momento. Especialmente se ficamos pensando, se não nos distraímos, esse desejo brota com força dentro de nós.

Para pessoas com instrução superior, normalmente a vida aparece como um cardápio de restaurante: repleta de boas opções. Talvez alguns pratos sejam caros, mas há sempre escolhas interessantes, possibilidades, alternativas. Posso prestar um concurso, posso abrir um negócio, um consultório, fazer uma especialização. Creio que essas pessoas aprendem a equilibrar trabalho e lazer; boa remuneração e gosto pelo que se faz, algo que traz realização. Mas como esperam muito da vida e não estão acostumadas à dureza, não poucas vezes se frustram existencialmente.

Olive Kelso King era uma mulher de classe alta, nascida no fim do século XIX. Era uma mulher inquieta e com espírito aventureiro, mas ao mesmo tempo sonhava em casar e ter filhos. Nos anos que antecederam a Primeira Guerra, viajou muito pela Ásia, América do Norte e Europa, sempre acompanhada por algum empregado. Olive é a terceira mulher no mundo a ter escalado o vulcão ativo Popocatépetl, de 5.452 metros de altura, que fica a sudeste da Cidade do México, e foi a primeira entrar na sua cratera. Apesar da vida agitada que levava, faltava-lhe algo para alcançar a felicidade plena. Em um poema que escreveu em 1913, pedia a Deus: «*Mande-me uma dor* [...] *para despertar a minha alma deste estupor em que se encontra*». Creio que temos ainda muitas Olive andando por aí.

Para pessoas com menos instrução, a vida se assemelha a uma pastelaria: há pastéis de carne e de queijo, mas todos são pastéis. O trabalho manual, tendo a vantagem de ser uma higiene mental, é duro e se torna mais pesado com o declínio físico. Não há plano de carreira e a perspectiva para o futuro é apenas mais trabalho do mesmo. Pense agora no que deve ser trabalhar como vigia. As tarefas burocráticas como atender o balcão, operar o caixa, carimbar e organizar papéis no escritório, etc., não apresentam um desafio e, por serem muito repetitivas, contêm fortes doses de tédio puro. É incrível como esses funcionários procuram contornar essas situações transformando o ambiente de trabalho num local de brincadeiras e conversas que amenizam o passar das horas.

Não quero dizer que instrução traz uma vida melhor. Talvez materialmente sim, mas há muitos outros aspectos morais, sentimentais, espirituais que tornam a vida das pessoas mais instruídas tão boa e tão ruim quanto a das menos instruídas. Onde quero chegar é que há expedientes para adoçar a vida que não passam de concessões ante o mal inevitável da luta cotidiana; que as pessoas acabam aceitando a vida como ela é; que se agarram a sonhos de uma futura vida melhor, se agarram à esperança de que algo extraordinário e bom irá acontecer. Mas não há na maioria das pessoas que habitam este planeta a vivência intensa e apaixonada de cada momento real que se apresenta.

Há os famosos embalos de sábado à noite, mas não as fantásticas tardes de terça-feira. Quando muito, as terríveis manhãs de segunda!

Certamente não proponho gritos de alegria diante de panelas que precisam ser lavadas ou diante da perspectiva de uma tarde de reuniões longas e inúteis no escritório. O nosso entusiasmo vai para outro tipo de coisas. Somos normais. Durante uma aula chata, suspiramos e pensamos ao olhar para o céu azul lá fora: «Que estou fazendo aqui, quando poderia estar na praia em um dia lindo como este?» Isso é muito compreensível, mas não devemos nos contentar com isso.

O que proponho é que encontremos um sentido para esses deveres cotidianos e possamos amá-los. Proponho um sentido e um amor, não uma sensação agradável.

Há muito tempo desenvolvemos uma percepção do que é bom e do que é ruim em cima do que sentimos. Se sinto, é

19

bom. Se não sinto, é mau. Devo seguir o que sinto e devo rechaçar o que não sinto. Sentir passou a ser para nós um guia, a prova infalível da nossa sinceridade, da nossa autenticidade. Se faço algo que não sinto estou sendo hipócrita, falso, ou, no melhor dos casos, não estou me realizando na vida.

A palavra amor não é mais compreendida exceto se conjugada na esfera dos sentimentos. Como posso amar uma ocupação burocrática, repetitiva, entediante? Como posso amar minha esposa se já não sinto mais nada por ela?

Também estamos convencidos de que viver é experimentar sensações. «Se chorei ou se sorri, o importante é que emoções eu vivi», diz a letra da famosa música do Roberto Carlos. Vivo quando rio, quando choro, quando subo o Everest e sinto toda a adrenalina da aventura, quando fico arrepiado de ver meu time ser campeão. São essas coisas que fazem com que a vida valha a pena.

Dirá o leitor: «Ora, já entendi aonde você quer chegar: a velha máxima de que devo gostar do que faço e não simplesmente fazer aquilo de que gosto».

Não, caro leitor. No contexto atual não é possível aprender a gostar do que se tem que fazer. Podemos, no máximo, tentar nos enganar, tampar o nariz, engolir o remédio amargo e sorrir dizendo que foi bom. Mas não é verdade. Não conseguimos porque o nosso gostar se apoia e está impregnado do sentir. E não podemos deixar de sentir o que de fato sentimos. Não posso sentir prazer em limpar uma fossa fedorenta, não posso deixar de sentir raiva ao ver um trabalho que tenho que refazer só porque o chefe não sabe onde o guardou.

Por tudo isso, a vida cotidiana precisa ser entendida a partir de outros valores. Só há solução para esse enigma do dia a dia se voltarmos mais, para o começo, para o conjunto de ideias e valores com os quais vemos a vida e a apreciamos.

A proposta que recebemos e que costumamos adotar consiste em ver a vida como prazer, brilho e agito. Pode ser diferente? Conseguiremos?

Uma pista está no valor que atribuímos à imaginação. Se repararmos bem, ela é uma grande fonte de prazer. Veja uma mulher diante da vitrine de uma loja contemplando um vestido. Ela imagina como cairá bem nela, como combina com aquele sapato e aquela bolsa e como seria perfeito em tal jantar. Agora ela já sonha com os comentários, com a impressão que causará, já goza de todo o prazer daquela recepção, da companhia agradável, da música deliciosa... E então ela dá o passo seguinte e entra na loja. Em algum lugar começa a decepção: seja no preço, no caimento, seja, por fim, no comentário debochado de uma pessoa durante a noite, no jantar que não foi bom, na chuva e no trânsito. Sim, o melhor foi na imaginação.

Veja uma família programando as férias no exterior. Todos imaginam os momentos incríveis que viverão. A realidade pode surpreender e ser até melhor em vários momentos, mas não poucas vezes dizemos que o antes, os preparativos, a expectativa, foi uma das melhores partes da viagem. A imaginação é um veículo tão poderoso para termos prazer, um veículo sobre o qual temos controle e que podemos utilizar em qualquer momento. Mas é o atestado da fantasia. Vamos à imaginação porque o real, o aqui e agora não é tão bom, tão simpático. É uma fuga, uma diversão, um divergir.

Entra então uma escolha: o caminho do prazer à custa do real ou o real em detrimento do prazer. Se o leitor opta pelo primeiro, não tenho uma solução para propor-lhe nestas páginas. Terá alguns momentos magníficos, mas boa parte — os cinco sétimos da vida — cobrarão o seu tributo. Se opta por enfrentar o real, não encontrará o paraíso aqui embaixo, mas poderá chegar a uma vida em que todos os momentos estarão repletos de significado.

SENTIDO E SIGNIFICADO

Eu faço uma aposta. A maioria das pessoas prefere o significado ao prazer. Parece que vou perder, não? Afinal, ninguém está nem aí para esse tal de significado. As pessoas, costumamos dizer, são utilitaristas, buscam seus interesses e querem gozar a vida. Contudo, penso que fazem isso apoiadas no fato de que suas vidas já têm um significado. Significado pouco claro, pouco pensado, superficial, mas significado. A partir dos seus projetos e dos seus sonhos, entendem por que trabalham, por que se penduram num trem, por que suam, por que passam maus bocados. Mas, se em algum momento, ao refletirem sobre as suas vidas e as circunstâncias em que vivem, entendem que a vida perdeu seu significado, ficam horrorizadas e podem chegar a pensar em dar cabo dela, mesmo que estejam mergulhadas no prazer. É o que ocorre com algumas celebridades: têm todo tipo de prazeres à sua disposição, e... eis que dão um tiro na cabeça!

Um episódio real que corrobora essa ideia foi descrito por Eugene Heimler, psiquiatra inglês que sobreviveu ao campo de concentração na Segunda Guerra. O comandante do campo:

> ordenou a uma centena dentre nós que transportássemos areia de um extremo a outro da fábrica, e quando terminamos essa tarefa recebemos ordens de levar a areia de volta ao lugar original. No começo, pensamos que os guardas tivessem cometido um erro, mas logo descobrimos que não havia erro algum. Daí por diante, dia após dia, semana após semana,

tínhamos de carregar a areia e trazê-la de volta, até que, pouco a pouco, a mente das pessoas começou a degenerar. Até mesmo os que tinham trabalhado regularmente na fábrica antes do bombardeio foram afetados, pois o trabalho que faziam tinha utilidade e propósito, embora fosse realizado para os alemães. Mas, diante de um trabalho totalmente sem sentido, as pessoas começaram a perder a sanidade mental. Alguns enlouqueceram e tentaram fugir, mas foram baleados pelos guardas; outros se atiraram contra as cercas eletrificadas e morreram carbonizados[*].

A vida cotidiana, para a grande maioria dos nossos colegas, seres humanos, tem diversos significados: o sustento, a terapia ocupacional e, sobretudo,

---

[*] Eugene Heimler, *Mental Illness and Social Work*, Penguin, Londres, 1967, pp. 107-108.

a esperança de dias melhores, onde se realizarão os projetos e os sonhos acalentados. Se não esperam dias melhores, esperam horas melhores ao final do expediente, no fim de semana. E com isso a vida se torna suportável. O momento presente, por sua vez, não tem em si a chama que enche uma vida. O presente não é tempo, é entretempo, lacuna, buraco, não ocupa as memórias. Ninguém coloca na sala de estar porta-retratos com fotos das pessoas queridas esperando na fila do banco ou operando a máquina de café no balcão do bar. Esse espaço doméstico é reservado para aqueles momentos, poucos e felizes, que estão repletos de significado em si: o encontro após anos de separação física, o aniversário, o casamento, a conquista profissional.

Um passo adiante. Lembramos de pagar as contas e anotamos na agenda compromissos importantes que não são nada importantes. Esquecemos o fundamental, o que é óbvio, o que é evidente, o que deveria ser sempre recordado. Primeiramente o mais elementar: morreremos. Nós e as pessoas que mais amamos. Pode ser hoje ou daqui muitos anos, com ou sem aviso prévio. E como podemos viver sem ter isso presente? Para Jung: «Aquele que não se coloque o problema da morte, nem seja consciente do seu drama, necessita urgentemente de tratamento»[*]. André Malraux, com mais força, acrescentava:

> O pensamento da morte é o pensamento que nos faz homens. Deveríamos comemorar o dia em que pela primeira vez pensamos nela, pois marca o passo para a maturidade. O homem nasce quando, pela primeira vez, sussurra diante de um cadáver: por quê?[**]

---

[*] Carl G. Jung, *The Red Book*, W.W. Norton, Nova York, 2009, pp. 274-275.

[**] Vittorio Messori, *Apostar por la muerte*, BAC, Madri, 1995, p. 200.

Às vezes, ao passar diante de um restaurante com mesas na calçada e ver todas aquelas pessoas mais ou menos obesas, com o smartphone e a carteira ao lado, comendo e conversando contentes, parece que tenho uma visão. Vejo uma granja com porcos cevados, em fila, com o focinho metido no comedouro. Estão contentes porque não sabem que assim que atingirem o peso ideal serão levados ao matadouro de onde serão enviados em partes para *lojas que vendem embutidos*, que os pendurarão e venderão a bom preço. Se não se encontra um sentido muito claro para a vida que responda às questões da Dona Morte, nossa vida fica parecida com a do animal de granja, cujo horizonte se estende apenas à bacia cheia de ração que tem à frente do nariz. Pensar na morte não é como um jovem que não pensa na aposentadoria: tem muito tempo para curtir a vida antes que a velhice chegue e a pensão faça falta. Pensar na morte não é um masoquismo estéril.

Devemos pensar na morte porque ela impacta no modo de viver de hoje, de agora. Pensar na morte é importante para que a vida cotidiana possa ser vivida com plenitude. Sei que vou morrer, que as pessoas ao meu lado vão morrer, mas este simples momento em que levo o carro ao posto de gasolina está encaixado em algo maior, inserido plenamente na minha biografia; como dizia antes, não é um entretempo. E de que forma? Isto nos conduz ao ponto seguinte.

Vivemos em uma época em que as massas reclamam seus direitos. «Tenho direito a uma educação em uma boa escola», «Tenho direito a casar do jeito que eu quero», «Tenho direito a um emprego com um bom salário», etc. Mas já reparou que há uma série de pontos muito importantes da vida que não temos direito de escolher? Nascemos sem nos consultarem e sem pedir licença. Fomos privados de escolher país, cidade e família. Se você nasceu em um país do terceiro mundo, na periferia pobre de uma cidade, no seio de uma família com problemas, não terá a quem pedir indenização. Se nasceu em meio a linhos e sedas em um palacete, também não poderá se orgulhar dos seus méritos. Nascemos sem escolher a cor do cabelo e a dos olhos, o estado de saúde, a carga genética ou a beleza.

Ao contrário do que acontece nos videogames, o nosso personagem — nós mesmos!... — não escolhe nem regula forças, inteligência, memória, sentimentos, nada. De onde vem a alguém o orgulho de saber tocar bem violino ou passar em primeiro lugar em um concurso público? De pôr em uso o dom musical que recebeu, ou a sua inteligência pôde se beneficiar do que captou no colégio pago pelos pais da família em que nasceu? Só faltava que não tivesse feito nada! E, com isso, o sujeito já se sente dono do pedaço e crê que tem direito a que a vida lhe sorria sempre. Claro que evitaremos dizer-lhe que não foi graças aos seus esforços e à sua sagacidade que não sucumbiu a um aneurisma, não desenvolveu um câncer ou não foi vítima de um acidente de trânsito. Ele está convencido de que venceu na vida e de que merece um futuro brilhante, cheio de emoções e realizações.

Com esse tipo de mentalidade, da qual estamos impregnados até o último fio de cabelo, ricos e pobres, instruídos e analfabetos, não há modo de encarar o cotidiano, tão monótono e cheio de pequenas adversidades, como um tempo de plenitude. É preciso começar por reconhecer o que ocorre conosco: a parte que nos cabe, resultante do nosso empenho, é muito pequena comparada com a parte que recebemos. Somos tributários dos pais, da família, de professores, de amigos, da sociedade e de Deus. Não sou dono, não sou controlador, sou administrador. E como administrador tenho um tempo — até a minha morte — para agir.

A consideração da morte não é um convite ao medo ou ao hedonismo *(«Aproveite agora que vai acabar!»)*. Indica que há um tempo que também não fabricamos ou controlamos, que apenas recebemos, e nesse tempo que nos foi dado temos algo a realizar. Quem administra algum negócio sabe muito bem disso: deve apresentar resultados, pagar as contas a tempo, solucionar dificuldades que aparecem, etc. Mas essa visão de administrador é algo que não acaba de cair bem. Encurta e desanima nossos horizontes. Nosso imaginário gerencial está ligado à produtividade, ao fazer, ao competir e passar à frente dos outros... Um darwinismo existencial. Só alguns, os mais aptos, ou os mais sortudos, serão felizes e bem-sucedidos. De certa forma, percebemos que nos tornamos uma máquina que produz: útil, mas ao fim e ao cabo, uma máquina. Quem não se lembra de ver Carlitos, com uma chave de boca mexendo nas máquinas como um desiquilibrado no famoso filme *Tempos modernos*? E não somos isso. Mas, por outro lado, viemos ao mundo para algo. A vida não é um absurdo como crê Albert Camus. E temos um tempo para fazer algo, melhor, para nos tornarmos alguém.

Por isso, quando digo que temos um tempo para agir, refiro-me num sentido muito concreto: produzir bens internos. Em outras palavras: tornar-se uma pessoa melhor. E o que é melhorar como pessoa?

Os bens internos

No caixão não cabem diplomas, cartões de crédito, nem álbuns de fotografias. Agora é moda fazer um tributo a quem já passou desta para melhor. Só que a rendida homenagem serve para extravasar um sentimento, mas não altera muita coisa para o dito cujo. O que sim cabe no caixão são esses bens internos, porque não são materiais, são bens do espírito: ser bom, justo, valente, íntegro.

O terrível é pensar que corremos para um lado e para o outro, passamos por todo tipo de sacrifícios e dificuldades para conseguir dinheiro, um bom emprego, um bom lugar na arquibancada ou para que nos considerem bonitos e simpáticos... E todas essas coisas, apesar do nosso melhor empenho, podem não ser alcançadas, porque dependem de circunstâncias que estão fora do nosso controle. E quando são alcançadas podem ser facilmente perdidas, sem que possamos evitar. Fulano é rico, bonito e famoso. Uma calúnia de um invejoso... e passa a ser olhado como um verme pela sociedade. Um tumor que aparece e... sinto muito. O empresário bem-sucedido estimado por todos sofre um revés na bolsa e vira alvo de chacota.

Para ser bom não é necessário ter saúde, dinheiro ou instrução. Não precisa fazer sol, que haja democracia, que o trânsito esteja bom ou que os colegas sejam razoáveis e colaborem. Para ser bom ou justo basta querer. Independe de outras pessoas, do tipo de emprego que se tem e das circunstâncias externas.

Creio que muitas pessoas acreditam que, para ser bom e justo, não é preciso se esforçar muito. Basta ter um coração bom. Ledo engano. Na prática, a teoria é outra. Na prática temos que nos esforçar — e muito — por não detestar o vizinho folgado, por não nos vingarmos da pernada que o colega do escritório nos deu, para não sermos injustos com uma pessoa mal-educada. Acabo de dizer que para ser bom e justo basta querer. Mas esse querer não é espontâneo nem fácil. É preciso treinar muito, ser forte, cair e levantar. É o treino da vida. E treinamos na vida cotidiana, em cada momento, especialmente naqueles pouco aprazíveis.

Pode ocorrer que nosso comportamento seja exemplar e que, mesmo assim, as pessoas julguem que somos uns falsos, ladinos e mal-intencionados. Felizmente, isso não altera em nada a nossa condição. Ninguém pode nos tirar as qualidades pessoais que conquistamos. Por outro lado, a preocupação com a nossa imagem, as nossas tentativas de granjear a simpatia e o apreço dos outros — a vaidade, em uma palavra — podem nos levar a comportamentos menos nobres, menos justos, menos bons.

Ao contrário dos bens materiais, ser bom e justo nunca enjoa, nunca cansa. Sempre poderemos crescer e ser melhores e mais justos, mesmo quando ficarmos velhinhos ou doentes. Ao contrário dos bens materiais, quanto mais ajudamos os outros a serem justos e bons, mais nos tornamos justos e bons. Quanto mais se dá, com mais se fica.

Assim funcionam os bens internos. Essas são as suas leis, a sua lógica. Precisamos acabar de entendê-las.

Com isso podemos dar o terceiro passo. A vida cotidiana é um tempo precioso para crescermos como pessoas e incorporarmos os bens internos. Se esperarmos os tempos de lazer ou os momentos extraordinários para ser melhores, nunca seremos.

A fila de espera de uma repartição pública ou de um supermercado não entusiasma ninguém. Fazemos muito bem se pudermos evitar esse aborrecimento. Mas nem sempre é possível. Para a maior parte da população o jeito é enfrentar esses momentos. Sofremos porque percebemos que tudo seria mais rápido se as coisas fossem melhor organizadas e as pessoas que estão à nossa frente fossem um pouco mais ágeis. Sofremos ao pensar em tantas coisas que ainda temos que fazer no dia e ali estamos nós, presos, desperdiçando o nosso tempo precioso.

Contudo, podemos ver esse momento de outra forma. Primeiramente, vale a pena pensar se as coisas que gostaríamos de fazer depois são mais importantes do que ficar na fila. Pensamos assim porque o que planejamos para o dia — normalmente atividades de que gostamos, que nos interessam ou que são produtivas — nos parece mais importante. São coisas boas em si, mas talvez não sejam aquilo de que precisamos para sermos melhores. Ficar na fila pode nos tornar mais pacientes. E isso é muito bom. Talvez seja o que nos falta para melhorar o ambiente na família e no trabalho. Esse tempo forçado de espera pode também ser uma ocasião para pensar em uma série de assuntos importantes. Se a nossa tendência é apenas correr de um lado para outro e ir tocando tudo no mesmo ritmo, um tempo forçado de reflexão será bom para aprendermos a lição e para agir melhor dali por diante.

Se de uma fila de supermercado podemos tirar tanto significado, tantos bens internos, a vida cotidiana pode se tornar uma grande aventura. Tudo depende do que buscamos e do modo como encaramos as situações. De fato, como diz Aristóteles, a escolha, mesmo das coisas mais simples, envolve todo o homem com a sua complexidade.

Estão na moda agora os esportes radicais. Inventam-se as peripécias mais incríveis: não basta mais saltar de paraquedas, é preciso acoplar uma prancha de surfe a um jato de foguete para experimentar novas sensações, sentir a adrenalina e viver a aventura. Se a pessoa não se esborrachar e escapar viva, terá conseguido, no máximo, ter uma sensação que passa em alguns segundos. Já a aventura da vida cotidiana não põe em risco a nossa integridade física e pode trazer algo permanente: crescer como pessoas e, em consequência, ajudar os demais a serem melhores.

Servir um cafezinho é uma tarefa simples. Servir muito bem um cafezinho já exige um pouco mais de cuidado e arte. Servir muito bem quinhentos cafezinhos todos os dias exige heroísmo. É uma senhora aventura. Quem fizer isso provavelmente não ganhará a capa de jornais e revistas, não será ovacionado em um estádio de futebol, mas bem que o mereceria.

Aliás, não receber reconhecimento por esse feito — que é o que costuma acontecer — torna o heroísmo mais bonito ainda, pois evita que tudo o que foi conquistado se desfaça em meio à vaidade.

Se houvesse um concurso com prêmios em dinheiro e direito à fama para quem servisse bem quinhentos cafezinhos, muita gente iria tentar. Porque procurariam o dinheiro e a fama que alimentam suas vaidades. Não procurariam os bens internos, não procurariam servir para serem melhores, não procurariam servir café com o fim de servir os demais.

Aprender a realizar uma tarefa com esmero, ser valente para enfrentar a limpeza de um banheiro, perseverar junto a um fogão cozinhando: tudo pode ser ocasião de um descobrimento, de uma alegria muito diferente dos prazeres habituais, muito mais saborosa. Uma alegria que provém de uma conquista pessoal e não da degustação de coisas externas passageiras.

Agora, uma notícia boa e uma notícia ruim. Se você nasceu em berço de ouro, você não está em vantagem. Se você nasceu num lar pobre e desvalido, você não está em desvantagem. Uma geração, uma família, pode transmitir muitas coisas para seus descendentes, mas não pode passar um miligrama de bens internos. Todos, cada um de nós, cada geração, temos que construir a partir do zero essas boas qualidades. Nossos pais, professores, até nossos governantes podem nos ajudar oferecendo condições propícias para adquirir bens internos, mas a decisão de querer ir atrás deles e o esforço necessário para isso são pessoais e intransferíveis.

Quando você era criança, pediu e pediu para ter um hamster. Insistiu tanto que conseguiu. Só que sua mãe aceitou comprar um hamster com uma condição: você teria que limpar a jaula e dar de comer a ele diariamente. Você topou na hora, mas passado algum tempo ficou farto de tudo isso e pensou em deixar que ela cuidasse de tudo. Não sei se ela acabou cuidando do hamster, mas essa era uma boa oportunidade para crescer em constância (limpar aquela porcaria todo dia...) e aprender a ser uma pessoa que cumpre a palavra. É uma pena que o modelo de educação da família e do colégio não costuma estar atento a esses detalhes em nossos dias. Concentram-se em ajudar o jovem a ter um bom diploma e um bom emprego. Porém, com poucas ou muitas oportunidades no passado, sempre é tempo para começar a buscar os bens internos. Mesmo porque não se pode viver da «renda» desses bens. Nunca vi depósito ou armazém com estoque de amabilidade ou prudência. Se não continuamos a praticá-los, todos esses bens desaparecem. Escorrem como a água entre as mãos.

O «já» e o «ainda não»

Já reparamos como o prazer é um negocinho interessante? Sempre paga à vista. Nunca vi ninguém comer um doce e sentir o seu gostinho uma hora depois ou na semana seguinte. O que se pode perceber tempos depois é a barriga procurando uma saída por fora da camisa ou o colesterol subindo como uma cabra montesa. Já o prazer se sente sempre de imediato. E é por isso que o prazer é tão atraente e fascinante.

Todo prazer acarreta também o fenômeno que podemos chamar de «espiral da dose». Um docinho hoje, e amanhã queremos dois. Uma dose de uísque hoje, e amanhã duas ou três. Nunca ficamos satisfeitos com a dose inicial: vamos subindo pela espiral à busca de mais sensações. Não é à toa que, para os que surfam pela espiral, chega o momento em que precisam dos alcoólatras anônimos, narcóticos anônimos, sexomaníacos anônimos, comedores compulsivos anônimos, compradores compulsivos anônimos, e por aí vai.

Por que falamos do prazer? Como ele sempre dá sua recompensa imediata, há hoje a legião dos hedonistas. Aqueles que vivem para o prazer. Encontram o sentido das suas vidas em experimentar prazeres. É a turma do «já».

Mas há também uma outra turma, que também quer o prazer, sente-se atraída pelo prazer, mas se comporta de forma distinta. É a turma do «ainda não», isto é, a do «o prazer é para depois». Cumprido o dever, chega a hora da recompensa. Depois de um dia de trabalho, uma boa refeição ou uma boa poltrona são muito apreciadas. Antes não, pois empanturram, causam indolência. Toda criança sabe que, se estuda e tira boas notas, terá um fim de semana ou férias com direito a brincadeiras e doces. Isso não é de pouca importância. Após muitas experiências realizadas desde os anos 1960, acompanhando crianças até a vida adulta, sabemos que a capacidade de adiar prazeres é o fator de maior impacto para uma vida equilibrada e bem-sucedida profissional e familiarmente.

Fator mais importante que renda, classe social, instrução ou QI.

Em segundo lugar, há uma decisão que precisamos tomar: ou ver o prazer como um fim ou como um meio. Parece difícil pensar na segunda opção, porque nos vem à mente o pensamento: «Que recompensa pode haver se não é o prazer?». Não é fácil de explicar, mas podemos observar como na nossa vida ou na dos demais há coisas mais «prazerosas» que o prazer sensível. Basta ver como as mães, em meio aos sacrifícios que fazem, ficam contentes de ver seus filhos indo bem na vida, ou o pai que vive de trabalhos manuais feliz por poder pagar os estudos dos filhos. Todos já experimentamos o «sabor» incomparável de uma tarefa que nos custava começar e empreender, mas que foi bem terminada e resolvida. Em uma entrevista para uma pesquisa sobre produtos de limpeza, uma dona de casa respondia toda prosa: «Eu adoro sentar na varanda no fim de tarde, de banho tomado, a roupa lavada e a casa cheirosa com a satisfação de ter cumprido o meu dever». Esses «prazeres» não sensíveis têm um diferencial imbatível: duram muito mais do que os sensíveis, duram tanto quanto queremos. Ninguém tira de um idoso a enorme satisfação de ter dado duro para levar adiante os seus. E, por outro lado, imagino que deve ser terrível o pensamento de que uma vida foi consumida sem ter produzido nada, apenas curtida aqui e ali.

Essas duas concepções de vida irreconciliáveis — a do hedonista e a de quem procura os bens internos — ficam muito nítidas em torno de um limão. Limão? Como assim?

Atrizes, santos e limões

Em 2011, faleceu Elizabeth Taylor, uma das atrizes mais bonitas da história do cinema. A notícia rodou o mundo e disparou muitas reportagens sobre sua vida, seus vários casamentos e seus filmes. Em uma delas contavam que, já idosa, comentava com uma amiga: «Nós espremos a vida como um limão». Essa frase, logicamente, tem um certo significado à luz da sua própria biografia. Janis Joplin, a cantora que morreu jovem de overdose, costumava dizer que preferia viver dez anos intensamente a setenta vendo tevê. Eu concordo, mas penso que o meu conceito de viver intensamente dista muito do dela. Assim também Elizabeth Taylor queria expressar o seu modo de viver: espremer o limão é curtir a vida adoidado.

O que chamou atenção para o limão é que imediatamente recordei-me de uma frase de um santo. São Josemaria Escrivá, fundador do Opus Dei, dizia aos seus filhos que pedia a Deus que terminassem suas vidas bem idosos, «espremidos como um limão». O verbo na voz passiva inverte completamente o sentido anterior. Não espremo, sou espremido. Para ele, a vida boa, interessante, saborosa é aquela em que livremente nos gastamos servindo, trabalhando, convivendo com os demais. Todos os talentos recebidos foram postos para benefício dos outros.

Para alguns, isso é a definição da antivida. Para outros, é fonte de vida. É preciso ter em conta que o cristianismo está repleto de paradoxos: *Se alguém ganhar sua vida perdê-la-á* (Mt 16, 25). O que importa aqui e agora é que essas duas concepções de vida são absolutamente fundamentais para encontrar ou não um sentido para a vida cotidiana. Pela via Elizabeth Taylor, não há solução. A vida cotidiana é uma chatice entremeada pelos momentos «sublimes». Pela via de São Josemaria — via que faz parte do sentido cristão da vida — sim, há uma possibilidade de se encontrar sentido na vida cotidiana. Não é à toa que São Josemaria foi chamado pelo Papa São João Paulo II de «o santo do cotidiano». No cotidiano, todos os momentos são ocasião de servir, de render os talentos recebidos. A vida se vai, gota a gota, mas o limão seco e amassado se tornou sorriso nas muitas limonadas que as crianças tomaram.

Há muitos filmes que retratam como um determinado acontecimento muda a vida de um homem, fazendo de um egoísta, violento ou cafajeste alguém totalmente diferente. Subitamente, o vilão começa a ser generoso, afável, honesto. Ganha o coração da mocinha, do telespectador e vivem felizes para sempre. Mas há poucos filmes em que um homem já correto e honesto enfrenta uma contrariedade, um baque, e tem o sentido da sua vida posto em cheque. Um desses filmes, antigo e em preto e branco, é *It's a wonderful life*, ou, numa peculiar tradução para o português, *A felicidade não se compra*.

Muitas pessoas se emocionam e choram ao ver o filme. Mas pelos comentários da internet ou que ouvi pessoalmente, penso que não se captou uma importante mensagem que Frank Capra, o diretor do filme, tentou transmitir.

O protagonista, George Bailey, vive em uma cidade pequena dos EUA chamada Bedford Falls. O seu sonho desde criança é sair dali e conhecer o mundo. Não aguenta mais aquele lugar e está sempre se preparando para dar o fora. Uma série de acontecimentos vão adiando esse projeto: o emprego do irmão, um amigo que sofre, a ajuda de que necessita um grupo de pessoas contra um agiota... Com o passar do tempo, George casa, tem vários filhos, cuida de uma firma de empréstimos, mas sempre alimenta o desejo de sair de Bedford Falls.

Um dia, um agiota passa-lhe a perna e ele percebe que sua empresa está quebrada. Deve dinheiro. E dinheiro de pessoas simples que confiaram a ele suas economias. Diante da perspectiva de deixar todas essas pessoas na mão, da humilhação que a esposa e os filhos terão que passar, entende que a sua vida foi um completo fracasso. Desesperado, decide dar cabo dela pulando de uma ponte. Pausa. Paremos por aqui. Bailey não é o perfeito exemplo para quem vê a vida como curtição e prazer, como um limão a ser espremido? Esses dirão: «Vejam, não vale a pena viver assim. Ele deixou de se realizar, de viajar, de aproveitar a vida para ajudar os outros e deu no que deu. Não basta ser bom, é preciso curtir a vida, cuidar de si próprio».

Bailey agora concorda com essa visão da vida. Tomou a decisão errada, deveria ter deixado as pessoas cuidando dos seus problemas, ter pego as malas e ido viver a sua vida. Mas quando pula da ponte e cai no rio, aparece um homem que o segura e o resgata das águas. O misterioso personagem se apresenta como seu anjo da guarda. Bailey fica inconformado com sua intromissão e pede que não se meta em sua vida e acrescenta: «Talvez fosse melhor eu nunca ter nascido!». Clarence — o nome do anjo da guarda — pensa que essa pode ser uma boa ideia e o coloca precisamente nessa situação: como alguém que nunca nasceu.

Bailey não entende o que acontece e decide voltar ao lugar onde deixou o seu carro, mas, surpreso, não o encontra. Clarence lembra então a Bailey que não tem carro, porque simplesmente não nasceu. Incrédulo, Bailey começa a perambular pela cidade e vai encontrando com pessoas conhecidas aqui e ali. A reação não poderia ser pior: ninguém nunca o viu e se afastam de um estranho que se aproxima chamando-os pelo nome. Até sua esposa, agora uma solteirona enrustida, foge dele. Encontra conhecidos que agora são alcoólatras, outros que passam vinte anos na prisão, topa com a tumba do irmão, que ele havia salvado num acidente, falecido aos sete anos de idade, a cidade decadente que ele tinha protegido de um especulador... Clarence recorda-lhe então que ele ganhou um grande presente: a chance de conhecer como seria o mundo sem ele.

A questão que perpassa todo o filme é que a renúncia a projetos pessoais em prol das necessidades alheias, o trabalho cotidiano de um homem extremamente comum tem uma grande importância. Isso não é fácil de perceber. Estamos persuadidos de que os projetos e sonhos que «bolamos» são o caminho para sermos felizes, e de que não há outro. E custa crer que isso nem sempre é verdade. Aliás, muitas vezes não é verdade. Temos horror a renúncias, mas nelas podemos encontrar exatamente a felicidade que buscamos.

Pensamos assim porque tendemos a ver a vida como nos filmes de ação. Há o herói no papel principal, e todas as personagens restantes — bandido, garota, policial, amigos — estão ali para valorizar sua aventura. Não possuem biografia e brilho próprio, mas vivem em função do herói. A vida real não funciona assim. O chefe, os amigos, o marido, os filhos, etc., também têm vida própria com projetos e desejos. Somos apenas mais um no palco. Se tentarmos, mesmo inconscientemente, realizar nossos sonhos sem atentar para os sonhos e necessidades dos que estão ao nosso redor, não vai dar certo. Surge o conflito, e provavelmente todos sairão feridos.

Outra ideia importante no filme é que essa vida de renúncia em prol dos outros não isenta ninguém de dificuldades e problemas. A vida é complexa — há rasteiras, ingratidões, incompetência, fatalidades —, e o sucesso humano não está garantido para quem é bem-intencionado. O que sim se pode dizer — e é o que o anjo da guarda de Bailey tenta lhe mostrar — é que não somos uns fracassados quando somos espremidos como um limão.

É fácil perceber a importância que há para a vida das pessoas quando se é presidente de um país ou general em uma guerra. Mas qual a importância daquele que transporta um botijão de gás ou faz a contabilidade de uma empresa? Fazem muita falta não apenas porque precisamos cozinhar no fogão ou evitar uma multa do fiscal da receita. Fazem falta, porque seu exemplo e afeto sustentam a vida de familiares e amigos. Dão equilíbrio emocional, forças e motivação para os outros viverem.

Se nossos pais tivessem se preocupado apenas em realizar seus projetos em detrimento de nosso bem, da atenção e do suporte de que precisávamos, onde estaríamos hoje? Talvez tenhamos na memória um professor da escola que, pelo seu preparo e dedicação, foi importante para escolhermos a carreira de sucesso que galgamos, embora ele nunca venha a saber disso. A acolhida e sorrisos da moça que serve cafezinho no balcão evitaram que a colega do caixa desistisse de se matar, e ela nunca vai saber que o seu trabalho monótono teve esse alcance (o triste é que a moça que serve cafezinho ainda recebe de todos os lados a mensagem de que é uma coitada, sem dinheiro e sem instrução, enquanto fica à espera de ganhar a loteria e se livrar dos grilhões do balcão). O policial que fez a sua ronda cumprindo o seu dever não sabe que espantou um assaltante drogado que ia acabar com a vida do dono da padaria.

Somos tributários da fidelidade e da renúncia de muitas pessoas. Agora pode ter chegado a nossa vez de fazermos esse papel para os demais. E cumprimos esse papel justamente vivendo com empenho e fidelidade a vida cotidiana, no trabalho e em todos os lugares por onde passamos.

Não posso deixar de recordar agora um filme japonês — *A partida* — que tem um roteiro pitoresco. Um músico desempregado arruma um emprego em uma funerária, ajudando o chefe a amortalhar defuntos em suas casas. Tinham que preparar o cadáver, vesti-lo com as tradicionais roupas japonesas e maquiá-lo antes de ser depositado no caixão.

Trata-se de um emprego muito mal visto pela sociedade japonesa e do qual o nosso personagem tinha tanta vergonha que escondia seu ofício até da própria esposa. Aos poucos vai reparando que o seu chefe é um homem que se comporta com muita correção, alheio ao desprezo que lhe dispensam, fazendo o seu trabalho com um esmero, com um carinho tal que acaba por conquistar não só a ele, seu funcionário, como aos familiares dos defuntos. Ele mesmo descreve o que vê: «Fazer reviver um corpo frio e dar a ele beleza eterna. Isso tudo feito com muita tranquilidade, precisão e, sobretudo, com infinito afeto. Participar do último adeus e acompanhar o morto em sua viagem. Nisso eu percebia uma sensação de paz e extraordinária beleza».

Só quando percebemos isso — e isso é percebido em boa parte pelo exemplo de um trabalho bem feito, trabalho que transborda em esplendor e majestade — é que podemos encontrar no trabalho cotidiano um sentido que dá cor à vida cotidiana. Se me permitem retornar a São Josemaria, creio que exprime com singular felicidade esta realidade:

> Eu lhes asseguro, meus filhos, que quando um cristão desempenha com amor a mais intranscendente das ações diárias, está desempenhando algo donde transborda a transcendência de Deus. Por isso tenho repetido, com insistente martelar, que a vocação cristã consiste em transformar em poesia heroica a prosa de cada dia. Na linha do horizonte, meus filhos, parecem unir-se o céu e a terra. Mas não: onde de verdade se juntam é no coração, quando se vive santamente a vida diária...*

(*) Josemaria Escrivá, *Entrevistas com Mons. Josemaria Escrivá*, 3ª ed., Quadrante, São Paulo, 2016, n. 116.

A importância das coisas inúteis

Há alguns anos, o metrô de Nova York era um lugar perigoso. Havia muitos assaltos e vandalismo. Quando um novo prefeito foi eleito, todos pediam e esperavam um reforço no policiamento do metrô. Mas ele agiu diferente. Vendo que as estações tinham catracas quebradas, que os vagões estavam pichados, ordenou que tudo fosse consertado, pintado e estivesse funcionando corretamente. Assim foi feito, mas poucos dias bastaram para aparecerem novas pichações e depredações. O prefeito ordenou então que a cada infração os vagões fossem repintados e as catracas consertadas. Mas se recusou a reforçar o policiamento. Em pouco tempo, os resultados apareceram: a criminalidade caiu vertiginosamente e o metrô voltou a ser um espaço dos cidadãos.

A razão dessa manobra é que o ladrão, o baderneiro, se sente confortável em lugares abandonados, sujos, quebrados.

Percebe que ali não há ordem e pode agir livremente. Sente-se em casa. Em outras palavras, o ambiente conta muito. Se o ambiente é ruim, ficamos propensos a agir mal. Se o ambiente é bom, ficamos propensos a agir bem. Além do transporte público, isso pode se notar nas escolas, nos escritórios e nas casas das pessoas. De acordo com o modo como funcionam, no cuidado com os detalhes, temos um lugar agradável ou um verdadeiro inferno.

Como é algo que, na teoria, não se consegue provar, pensamos que cuidar do ambiente e dos detalhes é «frescura», perda de tempo: uma inutilidade. Mas a prática mostra que não. Faça uma experiência: faça um grafite na parede da sala de estar da sua casa. Retire as cortinas e cubra os vidros com folhas de jornal. Jogue fora o abajur e os objetos de decoração que sua avó lhe deixou. Feito isso, deixe seus familiares ficarem vestidos do jeito que quiserem e transforme o sofá num móvel onde todos se jogam e ficam deitados. Na cozinha, substitua os pratos e panos de mesa por canecas plásticas, mais fáceis de limpar e mais baratas. Agora só falta comprar uma televisão de última geração com todos os acessórios. Daqui dois meses, veja como o seu lar virou um zoológico: as pessoas se relacionam entre si como jacarés, e a organização é própria de uma jaula de macacos.

Aonde quero chegar? Que há uma série de profissões e ofícios que consideramos de segunda categoria ou inúteis, mas que na verdade são absolutamente necessários para termos uma vida equilibrada e alegre. Uma dona de casa que cuida do seu lar e tem tempo para fazer um arranjo de flores para a mesa e ensina a filha a não se deitar no sofá cumpre um papel importantíssimo. Uma faxineira que limpa os banheiros de uma escola ou os escritórios de uma empresa, um porteiro que cuida da correspondência e da manutenção do elevador do edifício, uma nutricionista ou cozinheira que elabora cardápios, o professor de piano que dá aulas para crianças são exemplos de *inutilidades utilíssimas*. É importante que essas pessoas saibam disso e que as ajudemos a entender isso. Devemos mostrar agradecimento, elogiar seu trabalho, falar do papel insubstituível que representam. É uma pena que somente reparemos no trabalho dos garis quando eles entram em greve.

A nossa vida cotidiana está cercada de profissões desse tipo. Basta pensar que para um diretor de empresa chegar ao seu escritório às nove horas da manhã precisou de uma cozinheira que preparou o seu café da manhã, do policial que patrulhou as ruas, do mecânico que fez o conserto do seu automóvel, do eletricista que consertou as luzes do prédio onde trabalha, do vigia que abriu o local cedo, da recepcionista do andar e de incontáveis outras pessoas. Onde está o *self-made man*?

É comum reclamar que esses serviços «simples» são mal feitos. O que podemos esperar, se tudo o que ouvem são palavras como: «subalterno», «coitado» e «não estudou»? Se tudo o que veem são cartazes com atrizes bonitas fingindo que usam notebooks e relaxando na praia? Como encontrarão sentido no seu trabalho cotidiano?

Dentre as profissões consideradas mais inúteis, a par da dona de casa, encontramos as relacionadas à arte. Música, pintura, poesia, com seus respectivos profissionais, foram jogados fora. Importante é ter diploma da universidade e profissão. E uma vez rico, ter uma Ferrari e um barco. Essa estreiteza de horizontes, essa pobreza de vida, é fruto de termos perdido a arte. A vida cotidiana precisa da arte. Ela dá amplidão e colorido à vida.

Há uma relação entre sentido do trabalho e sentido do ócio. Quando se entende a arte não como esnobismo, luxo ou terapia ocupacional, mas como elemento integrante da vida humana, a pessoa tenta fazer do seu trabalho arte, tenta se esmerar, tenta conseguir os bens internos, melhorar como pessoa. E tem alegria em chegar em casa e tocar um instrumento, pintar ou compartilhar a audição de um concerto. Como tudo isso acabou, o ócio ficou caro: torna-se necessário comprar uma tevê grande, internet rápida, plano de assinatura de duzentos canais e viajar para a Europa.

E com isso o ócio ficou pobre. Muito pobre. Vem o tédio, e as pessoas se ocupam fazendo cursos e mais cursos, horas extras no trabalho. Não têm mais o que dar umas às outras no lazer nem no trabalho. Quando diretores de empresas impõem aos seus funcionários que saiam muito tarde do escritório, penso que, além da avareza, o fazem porque suas vidas são estreitas e não têm o que compartilhar com a família, com amigos, com o mundo. Não entendem o porquê da literatura, da jardinagem, do gastar tempo com os filhos. O mundo deles se reduz aos negócios, e eles espalham essa visão ao seu redor.

Quando reduzimos uma sociedade a simples níveis econômicos, perdemos algo muito importante. Não é verdade que medimos os povos pelo PIB, IDH, etc.? São índices úteis e necessários, mas não refletem boa parte da totalidade do ser humano. A economia não confere sentido a uma vida e a um trabalho. Muito menos a infraestrutura de um país, com seus colégios, pontes, hospitais e tudo o que conseguimos montar. Como dizia o empresário Ermírio de Moraes, um país deveria ser medido pelo caráter dos seus habitantes. E quem fala caráter, pode falar em trabalho feito com maestria, com carinho, com sentido. Isso para não falar na solidariedade, nas relações familiares, etc.

A economia capitalista, com sua lógica do mercado, promete sucesso para todo aquele que trabalhar com afinco e perseverança. Mas ela nada pode dizer sobre sentido e realização. Especialmente para os bilhões de colegas nossos que suam o rosto num trabalho desagradável para conseguir o pão diário. E muito menos a filosofia marxista, que, de certa forma, vê no trabalho a condição mais alienante do ser humano: para Marx o trabalho vale apenas o que vale o número de horas de esforço aplicado, e sua função é puramente material. É preciso ir além dos clichês, sejam de direita ou de esquerda, para encontrar uma solução para o cotidiano que nos cerca.

UM PROGRAMA PARA A VIDA

Vamos à prática. Como saborear a vida cotidiana? Que posso fazer cotidianamente para ser feliz em meio à rotina, à mesmice dos dias?

Aqui vão algumas sugestões.

1. Deus vê

Nicole Johnson, dona de casa, passava por momentos difíceis. Tudo o que fazia era ignorado pelo marido e pelos filhos. Sentia-se como uma inutilidade. Até que ganhou de presente um livro sobre as grandes catedrais europeias:

Devorei o livro. Descobri quatro verdades:

— Ninguém sabe dizer quem construiu as grandes catedrais, não temos nenhum registro de seus nomes.

— Esses construtores deram suas vidas por um trabalho que nunca veriam acabado.

— Eles fizeram grandes sacrifícios e não esperavam crédito.

— A paixão de sua construção foi motivada pela sua fé de que só os olhos de Deus viam tudo...

Certo dia, um homem veio visitar a catedral que estava sendo construída, e viu um artesão esculpindo um pequeno pássaro no interior de uma viga. Ficou intrigado e perguntou: «Por que você está gastando tanto tempo esculpindo essa ave em uma viga que será coberta pelo telhado? Ninguém nunca vai ver». E o operário respondeu: «Porque Deus vê». Fechei o livro, sentindo que era o que faltava para entender a minha vida.

Era quase como se eu ouvisse Deus me sussurrar: «Eu vejo você. Eu vejo os sacrifícios que você faz todos os dias, mesmo quando ninguém mais vê. Nenhum ato de bondade que você fez é pequeno demais para que Eu o observe. Você está construindo uma grande catedral, mas você não pode ver agora o que vai ser...». Eu me vejo como uma grande artesã, em um trabalho que nunca vai ser terminado... Como mães, estamos construindo grandes catedrais. Nós não veremos se fizemos o que é certo. Um dia, é muito possível que o mundo fique maravilhado com o que construímos, mas se não for assim... Deus vê a beleza acrescentada pelos sacrifícios das mulheres invisíveis*.

(*) Nicole Johnson, *The Invisible Woman*, Thomas Nelson, Nova York, 2005. Trecho disponível em: <http://www.parenthood.com/article/perspective_on_motherhood_the_invisible_woman.html>.

Penso que o ponto de partida da construção de uma vida cotidiana gratificante, cheia de sentido, vivida em plenitude no presente, tem que passar por essa constatação: Deus vê. Ele vê tudo, interessa-se por tudo, torce por cada um. Não há nada indiferente ou pequeno demais para Ele. Ele acompanha a pessoa que opera o caixa no supermercado, a operadora de telemarketing, o diretor financeiro, e o aposentado. Saber-se olhado e querido proporciona outra cor ao trabalho e às mil e umas ocupações do dia a dia.

O famoso Recruta Zero recebe um convite da Tetê, a bonita secretária do quartel, para um passeio de fim de tarde. Aceita imediatamente e sai com ela todo feliz. Em meio ao passeio, Tetê pergunta ao Zero o que fez durante o dia. «Uma marcha de 20km com o sargento Tainha no meu encalço», responde. Tetê, surpresa, acrescenta: «Puxa, você deve estar cansado! Se soubesse não teria te convidado para este passeio». Ao que Zero explica:

«Marchar cansa, mas passear com a senhorita, não». Esse é o segredo para fazer as coisas ordinárias pelas quais não temos o menor gosto ou disposição.

2. Silêncio

Não digo nenhuma novidade ao afirmar que o dia a dia está repleto de agitação. Barulho de máquinas, carros, pessoas, vídeos, músicas, celular... Estamos no meio de um liquidificador. E isso não é mau. Pelo contrário, gostamos disso. O tempo passa rápido, nos distraímos, nos divertimos. Adoramos interrupções que nos tirem da mesmice.

Gostamos do liquidificador porque olhar para dentro pode ser doloroso, pode ser perigoso e pode exigir esforço.

Pare e pense. Por que você está lendo este livro? Por que você acordou hoje? Onde quer estar daqui cinco, dez anos? Qual o sentido do seu trabalho, da sua terça-feira? Pronto, basta um pouco de perguntas e já se fica confuso, complicado. Alguém conte uma piada, que é bom para relaxar!

De fato, olhar para dentro pode custar, mas deixar de olhar pode custar mais ainda. Por que tanta gente sofre com o tédio? Por que, como já dissemos, tanta gente detesta trabalhar, suspira pelo fim de semana, pelo lazer, pelo extraordinário? Todo esse sofrimento só pode ser aliviado por uma «vida para dentro». E uma vida para dentro só começa com silêncio.

O silêncio externo pode ser difícil para quem vive numa cidade grande. Mas o silêncio interno é possível para qualquer um. Deixe de lado o *headphone*, feche os olhos do corpo e abra os da alma. Seja bem-vindo a um novo mundo, onde o importante não é fazer coisas. Sim, essa é uma das dificuldades para fazer silêncio: temos o impulso de estar sempre mexendo, vendo, fazendo. A vida não se resume a produzir, fazer, cuidar. Ela também exige contemplação.

O silêncio contemplativo pode ser a diferença entre tomar uma decisão importante na vida acertada ou errada; a diferença entre saber aceitar e lidar com o sofrimento que sempre chega ou se revoltar e sofrer em dobro.

Para quem não está acostumado, basta treinar um pouco. Aqui vai um «tutorial» para aprender a desfrutar do silêncio:

a) *Use um livro*. O silêncio, quando falta conteúdo, só leva ao vácuo. Como o objetivo não é ficar sem pensar, vagando no nada, comece pegando um livro simpático que você já leu, com um pensamento que o tocou. Também pode ser útil um livro de considerações, um artigo de jornal ou mesmo algo que você ouviu recentemente e que chamou a sua atenção. Sugiro alguns temas que são inesgotáveis e sempre muito proveitosos: Deus; a eternidade e a rapidez com que a vida escapa de nós e dos que amamos; querer deixar ao longo da vida um sulco luminoso e profundo, como dizia São Josemaria; deixar de se centrar em si para descobrir o outro; o sentido do trabalho que tem em mãos, etc.

b) *Leia um pequeno trecho ou recorde a frase que ouviu e então abra os olhos internos.* Como assim? Desconecte-se do que gira ao seu redor e pense nisso que tem em mãos. Dar voltas em um assunto é pensar nele uma vez e outra, sem achar que na primeira vez já pegou tudo. Acredite, há muito mais suco. Quem engole chocolate sem saboreá-lo não aproveita o melhor. Algumas palavrinhas podem ajudar: por que, como, para que, causa, efeitos possíveis. Também ajuda encarar os fatos e as ideias ao longo do tempo: à luz de um, dez, cinquenta anos, cem anos, como devo encarar isto? Não se imponha métodos. Seja flexível.

c) *Procure dedicar um tempo do dia à leitura de um livro ou texto que não seja um mero passatempo*. Bastam cinco ou dez minutos. Se uma pessoa lê três páginas por dia, em um ano consegue ler vários livros inteiros! A leitura funciona como um diálogo, ouvindo pessoas que gastaram tempo pensando e explicando suas conclusões ou experiências. Geralmente pessoas que levam a vida com seriedade têm algo a dizer que nos enriquece bastante.

d) *Ouça*. Sim, o silêncio permite ouvir a nossa consciência e ouvir o próprio Deus. Não é pouco. Apenas não saia por aí dizendo e fazendo coisas com a certeza de que Deus mandou. Pode ser apenas a sua imaginação. Mas o receio de se confundir não deve levá-lo a afogar seu ouvido com barulhos e *headphones*. Repito: silêncio para ouvir.

e) *Para não se distrair com o que há em volta, tente encontrar um lugar tranquilo*, como o seu quarto, um parque ou uma igreja. Se não for possível, feche os olhos e pense.

f) *Não deixe soltas a memória e a imaginação*. Elas são como dois cachorrinhos pequenos que não param quietos e fuçam todos os cantos. Amarre as duas com laço curto e sempre que as pegar divagando, não se aborreça: apenas segure-as novamente e continue a pensar. Vai ser assim a vida toda.

g) *Quanto a divagar sobre o passado ou sobre o futuro — coisas que em si são boas —, muito cuidado*. Tendemos a selecionar fatos do passado para usarmos como prova de que somos um fracasso completo ou uns escolhidos do destino. Julgamos com severidade familiares, professores, amigos e deixamos toda a compreensão para nós mesmos. Se você pensa com advérbios do tipo: «Na minha vida nunca...», ou «Na minha vida sempre...», vai por caminhos de exagerar e distorcer. O mesmo vale para o futuro. Nada pior do que pensar: «Terei que fazer isto pelo resto da vida»; «Terei que suportar essa pessoa pelo resto da vida». Além de que o «resto da vida» pode ser apenas mais uma semana, o normal é sempre lidar com uma coisa de cada vez, e as forças, as ajudas, só chegam assim, uma de cada vez.

h) *Por falar em recordações e previsões, vale a pena mencionar os sentimentos*. Para os que tendem a ser frios, o silêncio interior ajuda a ponderar sobre a importância dos afetos para si e para conviver com os demais. Quem pode negar a força da «garra» para vencer um esporte? Já para os sentimentais, o silêncio é a oportunidade de decantar o turbilhão de pensamentos, impulsos e impressões que por vezes os invade. O que parece terrível ou maravilhoso pode não ser real ou objetivo.

i) *Após ler um trecho e pensar volta-se a ficar seco*. É o momento de voltar a ler mais um trecho e pensar novamente. Comece com quinze minutos. Se for pesado, comece com menos. Se não consegue diariamente, tente duas ou três vezes na semana. Mas não desista. Progrida ao seu passo, que é o passo de um certo esforço, nunca da espontaneidade. Com espontaneidade, isto é, fazendo só quando «pinta vontade», não se faz nada na vida.

j) *Contemple*. Surpreenda-se com a beleza de tantas realidades que nos cercam. Sobretudo com aquelas que correm o risco de ser banalizadas: o esforço e o afeto dos seus familiares, a beleza do mar ou da montanha, um Deus que criou tudo isso. Particularmente, custa-me acreditar que nos acostumamos com um Deus que morre num madeiro por nós. Contemple e redescubra o valor da vida cotidiana.

Para os que perseverarem, o prêmio será desfrutar do silêncio interior como um momento privilegiado, muito rico em conteúdo. Ganhará asas. Não se trata de sentir paz ou relaxar. Para isso há muitas técnicas no mercado. Falo de algo que custa esforço, que proporciona uma visão relevante da vida e dos acontecimentos que nos cercam.

3. *Abertura para o outro*

A vida cotidiana não é uma ilha. Vivemos a rotina muito perto dos outros. Seja em casa, no transporte (que costuma estar lotado!), no trabalho (fala-se tanto de trabalhar em equipe), no lazer (os bares estão sempre cheios de pessoas conversando).

Mas estar perto não é o mesmo que estar com alguém. Podemos passar o dia no trabalho fazendo pequenas piadas, comentando o futebol, rindo de um meme da internet, reclamando do chefe. Isso nos distrai, mas continuamos sozinhos, com nossos pensamentos, projetos, dores e inquietações.

Estamos em uma situação em que praticamente não precisamos de ninguém. Temos muitas distrações, podemos fazer muitas coisas pela internet, temos muitas tarefas para resolver e podemos passar o dia sem que seja necessário estar atento a ninguém em particular. E esse é o nosso drama. É fundamental descobrir o «outro», ou seja, sair da bolha dos nossos pensamentos centrados em nós mesmos e perceber que há alguém perto de nós que tem projetos, alegrias, angústias, coração, família, história. Não podemos ir ao trabalho, passar muitas horas ali, voltar para casa e não ter prestado atenção a quem está ao nosso lado. Não basta cumprimentar ou dizer umas palavrinhas de cortesia. A descoberta do outro implica em dar-se ao outro, dar atenção, tempo, ter interesse no que fala. Não é à toa que nenhum filho preocupado escapa do olhar da mãe: ela percebe na hora que o filho não está tranquilo. Ela não é despistada, não fica indiferente. Atua, consola, resolve.

Talvez o lado mais doloroso da vida cotidiana seja essa ausência do outro. Um trabalho repetitivo, como descascar batatas e batatas todo o dia, não é tão ruim quando há um coração ao lado. Um trabalho glamoroso e estimulante é seco quando o ambiente é frio e indiferente, ou se percebe que as relações humanas são apenas de interesse profissional. Quando não se descobre o outro, o outro se torna mercadoria, produto para usos e trocas.

E não adianta esperar que alguém o procure desinteressadamente. O leitor terá que fazer essa exploração: meter-se na vida dos outros. Verá como encontrará quem interaja. Assim se forjam as verdadeiras amizades, e assim a vida adquire o sabor que deve ter. A vida cotidiana nunca encontrará sentido numa perspectiva meramente individualista, antes se realizará e será alegre na abertura, na solidariedade, na alegria de ter o outro ao lado.

4. *A maestria*

Todo ofício tem muito de maestria e arte. Servir um café não se resume a entregar uma xícara com líquido dentro. Há um *savoir-faire** que só pode ser adquirido com o tempo e dedicação. Há um quê de servir café que é único e pertence à dona Zezé. Só ela conseguiu adquirir esse estilo, e ele a distingue de todas as demais. E isso, para não entrar no processo de fazer um cafezinho, que abre todo um outro mundo de possibilidades.

Entendemos que os músicos queiram tocar sempre um Beethoven ou um Bach. Eles sabem — e o público também — que cada execução tem um tempero, ritmo e delicadeza próprios. Não é a mesma coisa escutar uma sinfonia de Beethoven com regência de Karajan ou de Baremboin. Cada maestro colocou a sua marca. Mas temos dificuldade de entender isso

---

(*) Expressão francesa, equivalente à inglesa *know how*, utilizada para fazer referência a um conhecimento adquirido pela prática, pela experiência. (N. do E.)

nas tarefas mais prosaicas, burocráticas e rotineiras. No entanto, essa marca existe. Por isso elogiamos o acabamento do móvel feito por aquele marceneiro; o gosto do feijão de determinado cozinheiro; a capacidade de resolver problemas que Carlinhos, o eletricista, tem; a didática de tal professor. E isso faz toda a diferença para o profissional e para quem dele depende.

Esses maestros do ofício não reclamam da vida cotidiana, não passam a semana suspirando pelo lazer do fim de semana. Vivem intensamente o presente, se realizam no seu trabalho, percebem que melhoram neste detalhe e no outro e, sobretudo, se consolam com o serviço que prestam aos demais.

Vamos colocar aqui o exemplo da dona de casa. Cuidar de um lar abarca uma quantidade enorme de ofícios e tarefas cotidianas. Em primeiro lugar, o olhar atento para se antecipar às necessidades dos filhos e do marido: facilitar, consolar, advertir, corrigir, exigir, compreender. Depois vem a cozinha, a limpeza da casa e das roupas, a decoração, etc. Em cada um desses ofícios se pode trabalhar de cara amarrada, fazendo o que dá para o gasto, ou se excedendo com alegria, melhorando cada dia no modo de preparar um bolo, de passar uma calça. Ninguém elogia ou comenta, mas todos reparam quando comem fora, que a lasanha da mãe é imbatível, que o serviço de lavanderia não passa o colarinho como a mãe.

E não será que foi em um lar assim que um homem e uma mulher que percorreram uma carreira profissional de destaque aprenderam a trabalhar? Não foi a mãe «artista» que forjou a fama da filha advogada e do filho engenheiro? É uma grande pena ver que algumas feministas, na sua justa luta por defender os direitos da mulher, tenham menosprezado a figura da dona de casa. A grandeza de um trabalho não se reduz à mera produção ou rentabilidade. Entre uma executiva que vende milhões de celulares e uma dona de casa, esta última, ainda que com menos prestígio externo, pode encontrar um desafio e um panorama de trabalho muito mais amplo e interessante. Basta abrir os olhos para a riqueza da vida cotidiana.

5. Constância

Não se conhece nenhuma ação de valor que tenha sido fruto de um instante apenas, de um simples espasmo criativo. O sucesso dos Beatles foi precedido por noites e noites tocando em pubs: milhares de horas.

Não há de ser diferente na vida cotidiana. Ela não traz cores instantâneas. Para adquirir os bens internos — as virtudes —, que são o fruto saboroso que permanece, é preciso dar continuidade aos nossos afazeres diários. Quem vende sapatos, buscando caixas para lá e para cá, ficando agachado diante dos clientes, ao cabo dos anos adquire uma paciência, uma disciplina e uma doçura que nem a pessoa mais rica consegue comprar. E lhe é permitido inclusive olhar para trás, contemplar os anos de trabalho, de serviço, realizados. Esse olhar, feito de forma singela, dá uma alegria e um sentido de realização que este mundo não pode dar. Quem entende a riqueza da vida cotidiana sabe que a vida é um gastar-se e que nesse gastar-se se encontra o tesouro da paz e da alegria.

E tudo isso é possível somente pela constância. «Uma andorinha só não faz verão», diz o ditado popular. É preciso teimar, perseverar um dia e outro no estudo, no trabalho, nas tarefas domésticas rotineiras. Temos então um paradoxo. A rotina que faz a vida parecer difícil («*Lavar roupa todo dia: que agonia!*» — assim diz uma famosa canção) é o que faz a vida cotidiana bonita e interessante. Lembro-me agora de um rapaz que recordava com emoção da sua infância: «Sem dar maior valor e atenção, via minha mãe todos os dias na cozinha e no tanque. No final da tarde, ela preparava um suco gelado porque meu pai vinha chegando de um dia de trabalho manual em uma oficina abafada. Depois ia para a janela ver se chegava e, finalmente, esperava-o na porta para lhe dar um beijo de boas-vindas. Passaram--se os anos e percebi que tudo aquilo foi muito importante para que eu entendesse onde está o verdadeiro amor, e foi também uma grande ajuda para superar os momentos difíceis que tive pela frente».

Não importa que volta e meia reclamemos, nos rebelemos ou mesmo fujamos da vida cotidiana. Ela é exigente e somos fracos.

No livro *Por favor, cuide da mamãe**, a coreana Kyung-Sook Shin coloca este diálogo entre uma filha e sua mãe:

(*) Kyung-Sook Shin, *Por favor, cuide da mamãe*, Intrínseca, Rio de Janeiro, 2012.

— A senhora gostava de ficar na cozinha? Gostava de cozinhar?

— Não gosto nem desgosto da cozinha. Eu cozinhava porque precisava. Precisava ficar na cozinha para que todos vocês pudessem comer e ir à escola. Como é possível alguém fazer só o que gosta? Há coisas que a gente precisa fazer quer goste, quer não. — Sua mãe olhava para você com uma expressão que dizia: «Que tipo de pergunta é essa?». E resmungou: — Se fizer apenas o que gosta, quem vai fazer o que você não gosta?

— Então, a senhora gostava ou não?

Mamãe olhou ao redor como se fosse contar-lhe um segredo, e sussurrou:

— Quebrei tampas de potes várias vezes.

— Quebrou tampas de potes?

— Se você faz a mesma coisa repetidas vezes, há momentos em que fica cansada disso. Quando a cozinha me parecia uma prisão, eu saía para os fundos, escolhia a tampa de pote mais deformada que via e a atirava com força contra o muro. [...] O som da tampa quebrando era um remédio para mim. Sentia-me livre.

Sua mãe suspirou profundamente e continuou:

— No entanto, foi muito bom quando vocês começaram a crescer. Mesmo que eu estivesse ocupada demais e não tivesse tempo para recolocar a toalha na cabeça, ao ver vocês sentados ao redor da mesa, comendo, as colheres tilintando nas tigelas, eu tinha a impressão de que não havia nada mais que eu pudesse querer no mundo.

Mas voltemos logo ao batente. Não importa que tudo saia errado e tenhamos que recomeçar inúmeras vezes. É na constância que construímos a vitória. E faremos diferença para os que vivem ao nosso redor ou dependem de nós.

Embora não sejam sinônimos, a constância tem muito em comum com a fidelidade. A vida cotidiana é o palco onde um homem e uma mulher exercem a fidelidade aos seus princípios, aos seus valores e às suas responsabilidades. E é com esse tipo de pessoas que uma civilização pode contar para construir algo de valor, de duradouro. São as boas faxineiras, os bons enfermeiros, a boa caixa de supermercado, o bom empresário, a boa advogada que fazem diferença no mundo. Não são as fantasias, veleidades e purpurinas do espetáculo.

Alguns intelectuais estudam o que hoje se chama *sociedade do espetáculo*. Uma sociedade onde os holofotes e o dinheiro se voltam para jogadores de futebol, atrizes, músicos e outros mais. De fato, todos querem um lugar de destaque: os jardineiros se tornaram *paisagistas*, os ourives *designers de joias*, os cozinheiros *gastrônomos*, os costureiros *artistas da moda*, os decoradores *designers de interiores*, os empresários *empreendedores visionários*. Tentam fazer da vida uma imensa Disney. Tudo é arte e beleza; porém, nossas vidas não ficaram mais belas. É o fracasso do extraordinário. Somente na volta para a grandeza da vida cotidiana, nós, os simples mortais, poderemos encontrar o caminho de volta para o lar, onde somos verdadeiramente felizes.

Direção geral
Renata Ferlin Sugai

Direção editorial
Hugo Langone

Produção editorial
Juliana Amato
Gabriela Haeitmann
Ronaldo Vasconcelos
Roberto Martins

Capa
Provazi Design

Diagramação
Sérgio Ramalho

ESTE LIVRO ACABOU DE SE IMPRIMIR
A 25 DE FEVEREIRO DE 2025,
EM PAPEL OFFSET 90 g/m^2.